GRAPHIC LIBRARY®

en español

CIENCIA GRÁFICA

UN CURSO INTENSIVO SOBRE

FUERZAS Y MOVIMIENTO

CON MAX AXIOM®

SUPERCIENTÍFICO

Edición revisada

por Emily Sohn

ilustrado por Steve Erwin

y Charles Barnett III

Consultor:

Dr. Ronald Browne

Profesor Adjunto de Educación Primaria

Minnesota State University, Mankato

CAPSTONE PRESS

a capstone imprint

Graphic Library is published by Capstone Press,
1710 Roe Crest Drive, Norh Mankato, Minnesota 56003
www.mycapstone.com

*Library of Congress Cataloging-in-Publication Data is available on the Library of
Congress website.*
    ISBN: 978-1-5157-4645-4 (library binding)
    ISBN: 978-1-5157-4639-3 (pbk.)

Summary: In graphic novel format, follows the adventures of Max Axiom as he explains the
science behind forces and motion.

Art Director and Designer
Bob Lentz and Thomas Emery

Bilingual Book Designer
Eric Manske

Cover Artist
Tod Smith

Storyboard Artist
Shannon Eric Denton

Colorist
Krista Ward

Editor
Christopher L. Harbo

Translation Services
Strictly Spanish

Photo illustration credits: Library of Congress, 7; NASA/JPL, 13

TABLA DE CONTENIDOS

¡Me está cansando mucho hacer malabares con estas bolas de boliche!

HA HA HA HA HA HAA!

No sé por qué se siente tan cansado. ¡Hacer malabares es muy fácil!

El malabarista de la derecha se siente cansado porque está utilizando más fuerza para lanzar y atrapar objetos más pesados.

Está demostrando la segunda ley de Newton. La cantidad de aceleración que una fuerza puede producir depende de la masa del objeto.

12

¿Qué es la masa, tío Max?

La masa es la cantidad de materia que tiene un objeto. La bola de boliche tiene más materia que la pelota de tenis, por eso se siente más pesada.

Piénsalo. ¿Con cuál de las dos sería más fácil hacer malabares, Nick?

ATRACCIÓN GRAVITATORIA

ACCESO AUTORIZADO: MAX AXIOM

El peso es diferente de la masa. El peso es determinado por la atracción de la gravedad sobre un objeto. Cada planeta de nuestro sistema solar tiene una diferente atracción gravitatoria. Si viajaras a cada uno de los lugares que se muestran a continuación, tu masa siempre sería la misma, pero tu peso sería diferente. Multiplica tu peso por el número que se indica debajo de cada planeta para averiguar cuánto pesarías ahí. Si pesas 100 libras en la Tierra, pesarías 38 libras en Marte y 236 libras en Júpiter.

VENUS
.88

NEPTUNO
1.13

MARTE
.38

SATURNO
.92

JÚPITER
2.36

15

¿Ven eso? La gravedad los jala para bajar por la rampa, pero Johnny avanza más que Jenny.

Max, ¿qué pasó? Empecé bien, pero Johnny me rebasó fácilmente.

Como Johnny tiene más masa, necesita más fuerza para desacelerar o para detenerse que tú, que tienes menos masa.

La fricción entre sus ruedas y el suelo fue la fuerza principal que los hizo perder aceleración. Johnny necesitaba más fricción para detenerse, por eso avanzó más.

¡A comer pastel!

No creo que estos chicos permitan que un poco de fricción los separe de un pastel de chocolate.

17

THHRRRP!

THHRRRP!

THHRRRP!

Soltar globos al aire es uno de sus pasatiempos favoritos.

Les gusta jugar con naves espaciales, ¿verdad?

¿Naves espaciales? Son globos.

Al igual que el aire que sale de un globo y lo impulsa hacia adelante, gases calientes impulsan un cohete en el espacio.

De hecho, estos globos son ejemplos perfectos de la tercera ley de Newton.

¿A qué te refieres?

Por cada acción, hay una reacción igual y contraria. Vamos a nadar y les mostraré lo que quiero decir.

CHORROS DE PULPO

Un pulpo utiliza la tercera ley de Newton para nadar. Lanza chorros de agua por un tubo de su cuerpo y con eso se impulsa en el agua.

La tercera ley de Newton nos dice que cada acción incluye un par de fuerzas.

Una fuerza de acción crea una reacción de igual fuerza en la dirección contraria.

Mi salto es la acción.

La reacción es el movimiento hacia atrás de la balsa.

¡Miren la balsa!

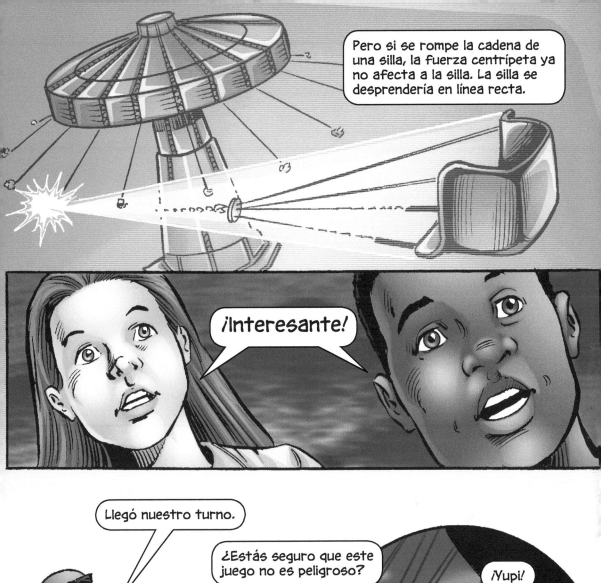

Pero si se rompe la cadena de una silla, la fuerza centrípeta ya no afecta a la silla. La silla se desprendería en línea recta.

¡Interesante!

Llegó nuestro turno.

¿Estás seguro que este juego no es peligroso?

¡Yupi!

¡Totalmente!

¡Este juego es extremo, tío Max!

Observen la moneda que tengo en la mano cuando bajemos.

¡Vaya! Parece que la moneda estuviera flotando.

¡Es magia!

En realidad, es ciencia. Vamos en caída libre, igual que la moneda. Todos estamos cayendo a la misma velocidad, por lo que la moneda parece ser tan liviana como nosotros nos sentimos.

¿Los astronautas se sienten livianos en el espacio porque están cayendo?

Sí. La órbita es una caída libre en círculo.

EXIT

25

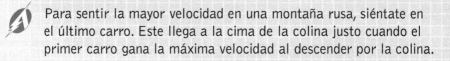 FUERZAS Y MOVIMIENTO

⚡ Para sentir la mayor velocidad en una montaña rusa, siéntate en el último carro. Este llega a la cima de la colina justo cuando el primer carro gana la máxima velocidad al descender por la colina.

⚡ El movimiento de los juegos de los parques de diversiones en ocasiones provoca mareos. Moverte de lado a lado, girar o dar vuelta tras vuelta hace que tus ojos y el líquido de tus oídos envíen señales confusas al cerebro. Tu cerebro no puede decidir dónde está el cielo y dónde está el suelo.

⚡ Las fuerzas que no ocasionan que los objetos se muevan son fuerzas en equilibrio. Un buen ejemplo de fuerzas en equilibrio es la silla en la que estás sentado. Mientras estás sentado en una silla, la fuerza de gravedad jala tu cuerpo hacia abajo. Al mismo tiempo, la silla empuja tu cuerpo hacia arriba con una fuerza igual. Sin estas fuerzas en equilibrio, la silla se rompería y tú terminarías sentado en el suelo.

⚡ La fricción reduce la velocidad de los paracaidistas a medida que descienden de un avión. La resistencia del aire es una forma de fricción que existe entre el aire y un objeto que pasa a través de él. Incluso con la resistencia del aire, los paracaidistas alcanzan velocidades de aproximadamente 120 millas (193 km) por hora durante las caídas libres.

⚡ El halcón peregrino es el animal más veloz sobre la Tierra. En una picada para cazar, puede alcanzar las 200 millas (322 km) por hora.

La inercia hace que los objetos permanezcan en reposo o permanezcan en movimiento hasta que una fuerza actúe sobre ellos. En un auto en movimiento, la inercia puede ser peligrosa. Tu cuerpo se mueve a la misma velocidad que el auto. Si el conductor frena repentinamente, el auto se detiene, pero tu cuerpo sigue avanzando. Tu cinturón de seguridad aplica una fuerza para detener el movimiento de avance del cuerpo. Es lo único que impide que seas lanzado a través del parabrisas.

 Si quieres el caballo más veloz del carrusel, elige uno del círculo exterior. Para completar una vuelta, debe cubrir una mayor distancia en el mismo tiempo que un caballo del círculo interior.

MÁS SOBRE

SUPERCIENTÍFICO

Nombre real: Maxwell J. Axiom
Ciudad natal: Seattle, Washington
Estatura: 6' 1"   **Peso:** 192 lbs
Ojos: Marrón   **Cabello:** No tiene

Supercapacidades: Superinteligencia; capaz de encogerse al tamaño de un átomo; los anteojos le dan visión de rayos X; la bata de laboratorio le permite viajar a través del tiempo y el espacio.

Origen: Desde su nacimiento, Max Axiom parecía destinado a la grandeza. Su madre, una bióloga marina, le enseñó a su hijo sobre los misterios del mar. Su padre, un físico nuclear y guardabosques voluntario, le enseñó a Max sobre las maravillas de la Tierra y el cielo.

Un día durante una caminata en áreas silvestres, un rayo mega-cargado golpeó a Max con furia cegadora. Cuando se despertó, Max descubrió una nueva energía y se dispuso a aprender todo lo posible sobre la ciencia. Viajó por el planeta y obtuvo grados universitarios en cada aspecto del campo científico. Al volver, estaba listo para compartir su conocimiento y nueva identidad con el mundo. Se había transformado en Max Axiom, supercientífico.

Glosario

la aceleración—el cambio de velocidad de un cuerpo en movimiento

el equilibrio—un estado en el que las fuerzas son iguales

la fricción—una fuerza creada cuando dos objetos se frotan entre sí; la fricción desacelera los objetos.

la fuerza centrípeta—la fuerza que jala a un objeto girando en un círculo hacia el centro

la gravedad—una fuerza que ocasiona atracción entre los objetos con masa; la gravedad aumenta a medida que la masa de los objetos aumenta o a medida que los objetos se acercan; la gravedad jala los objetos hacia el centro de la Tierra.

la inercia—el estado de un objeto en que el objeto permanece en reposo o en movimiento en la misma dirección hasta que una fuerza mayor actúa sobre el objeto

la masa—la cantidad de material que tiene un objeto

la órbita—la trayectoria que sigue un objeto mientras rodea a otro objeto en el espacio

el peso—una medida de lo pesado que es un objeto

la resistencia—una fuerza que se opone al movimiento de un objeto o que lo desacelera; la fricción es una forma de resistencia.

la velocidad—la rapidez con que se mueve un objeto; la velocidad es una medida del tiempo necesario para que un objeto recorra una cierta distancia.

SITIOS DE INTERNET

FactHound brinda una forma segura y divertida de encontrar sitios de Internet relacionados con este libro. Todos los sitios en FactHound han sido investigados por nuestro personal.

Esto es todo lo que tienes que hacer:

Visita *www.facthound.com*

Ingresa este código: 9781429692366

Índice